Un Monde à Lire

Collection dirigée par Alain Bentolila

Isabelle Le Guay
Orthophoniste

Nadine Robert
Conseillère pédagogique

Le papier de cet ouvrage est composé de fibres naturelles, renouvelables, fabriquées à partir de bois provenant de forêts gérées de manière responsable.

1. Comment reconnaître les syllabes ?

Un mot n'a pas toujours le même nombre de syllabes orales et de syllabes écrites.

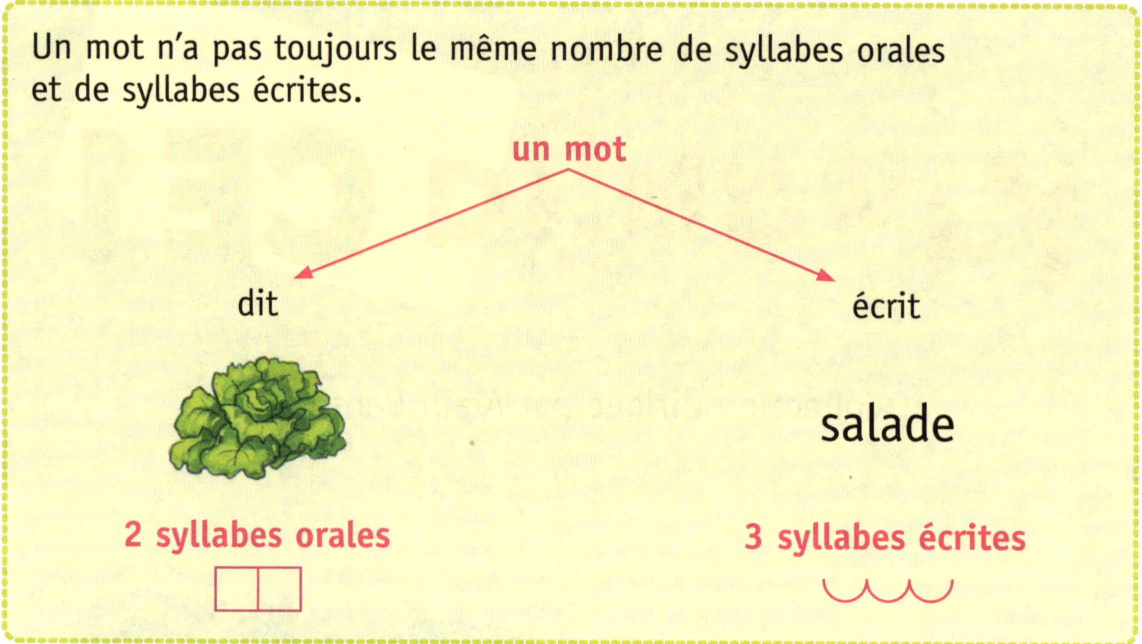

1 **Lis** plusieurs fois ces mots.

une syllabe orale

chaise
classe
arbre
table

deux syllabes orales

école
voiture
minute
cartable
départ
matin
carreau
quartier

2 **Lis** plusieurs fois ces mots.

trois syllabes orales

lavabo
chocolat
balançoire
matinée

quatre syllabes orales

locomotive
automobile
anniversaire
préparatif

ISBN : 978-2-09-122798-6

2. Quand j'entends des sons, j'écris...

1. Les **lettres** permettent d'écrire des sons entendus.

2. Toutes les **syllabes** ne contiennent pas le même nombre de lettres :

ma / tin	châ / teau	Lé / o
2 / 3	3 / 4	2 / 1

3. Un son entendu peut s'écrire de différentes façons :

   un sap**in** – un fr**ein** – j'ai f**aim** – un tr**ain**

4. Certains sons entendus ne s'écrivent pas.
   Ils servent à relier des mots. Ce sont les **liaisons**.

   un‿(n)‿ami — des‿(z)‿amis
   un‿(n)‿oiseau — des‿(z)‿oiseaux

1 Lis ces mots.

un enfant	des enfants	mon enfant	un oiseau	des oiseaux
une envie	des envies	mon envie	un ours	des ours
un ennemi	des ennemis	mon ennemi	un olivier	des oliviers
un élève	des élèves	mon élève	un orage	des orages

2 Devinette

Je peux servir à jouer.

Je peux être écrite et envoyée par la poste.

Qui suis-je ?

Réponse : Une carte.

3. Peut-on confondre des sons proches ? (1)

Il ne faut pas confondre certaines lettres qui ont des sons proches :

p et **b** → un **p**oisson / une **b**oisson — une **p**om**p**e / une **b**om**b**e

t et **d** → une **t**ouche / une **d**ouche — un **t**oit / un **d**oigt

c et **g** → é**c**outer / é**g**outter — un **c**ar / une **g**are

ch et **j** → un **ch**ar / un **j**ars — un **ch**ou / une **j**oue

f et **v** → une **f**ile / une **v**ille — **f**iler / **v**ider

s et **z** → un poi**ss**on / un poi**s**on — ca**ss**er / ca**s**er

1 **Lis** plusieurs fois ces mots qui ont des sons proches.

une poulette / une boulette
le temps / une dent
un feu / un vœu
une foire / voir
un chou / une joue

un coussin / un cousin
un disque / une piste
un maçon / une maison
poster / poser
racheter / rejeter

2 **Lis** plusieurs fois ces mots qui ont des sons proches.

un coup / un goût
un car / une gare

un port / un bord
un carré / se garer

3 Devinette

Je suis un aliment qui se mange très froid.
Je suis aussi un objet dans lequel on se regarde.
Qui suis-je ?

Réponse : Une glace.

4. Peut-on confondre des sons proches ? (2)

1. Certains groupes de lettres se prononcent presque de la même façon. Il faut faire attention à ne pas les confondre.

pr et **br**	→	une **pr**ise / une **br**ise	**pr**oche / une **br**oche
cr et **gr**	→	**cr**ier / **gr**iller	un **cr**in / un **gr**ain
tr et **dr**	→	**tr**ois / **dr**oit	une pou**tr**e / une pou**dr**e
fr et **vr**	→	**fr**ais / **vr**ai	

2. Il ne faut pas confondre non plus :

pl et **bl**	→	un **pl**an / **bl**anc	une **pl**aque / une **bl**ague
cl et **gl**	→	un **cl**an / un **gl**and	une **cl**asse / une **gl**ace

1 **Lis** ces mots.

une prune	une broche	rendre
elle est brune	c'est proche	Rentre !

2 **Lis** ces phrases.

Le tableau de la classe est tout blanc.

Le poisson frais est parfait.

La clé de mon armoire est cassée.

Les grains de blé servent à fabriquer la farine.

Mes trois frères sont vraiment charmants.

3 Devinette

Je suis un dessert au chocolat, à la vanille, ou encore glacé.

Je sers aussi contre les coups de soleil.

Qui suis-je ?

Réponse : De la crème.

5. Quand j'entends le son (o) fermé de photo et (o) ouvert de porte, j'écris...

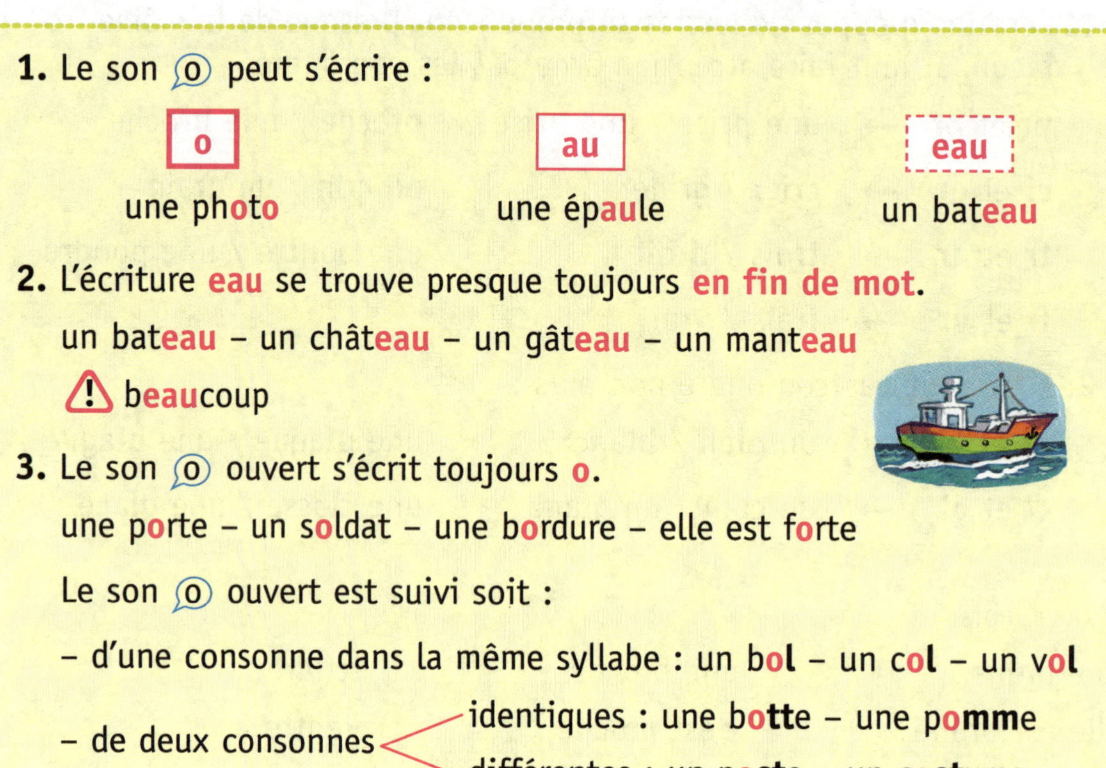

1. Le son (o) peut s'écrire :

o	au	eau
une photo	une épaule	un bateau

2. L'écriture **eau** se trouve presque toujours **en fin de mot.**

un bateau – un château – un gâteau – un manteau

⚠ beaucoup

3. Le son (o) ouvert s'écrit toujours **o**.

une porte – un soldat – une bordure – elle est forte

Le son (o) ouvert est suivi soit :

– d'une consonne dans la même syllabe : un bol – un col – un vol

– de deux consonnes < identiques : une botte – une pomme / différentes : un poste – un costume

1 **Lis** ces mots plusieurs fois.

un soldat	une pomme	un bateau
une bordure	une sottise	un gâteau
un costume	une colle	un rouleau
une forteresse	une grotte	un manteau

2 **Lis** ces mots où l'on trouve deux fois le son (o).

une moto	un chauffe-eau	un morceau
une photo	un taureau	un tonneau
un coloriage	un portemanteau	un poteau

Aides pour écrire le son (o)

1. Le son (o) s'écrit toujours **de la même façon** dans les mots d'une **même famille.**

   sauter – un sauteur – un saut

2. **La lettre finale muette** d'un mot peut souvent être trouvée grâce à un mot de la **même famille.**

   galoper → un galop

3. **Le nom du petit d'un animal** se termine souvent par le son (o) qui s'écrit alors **eau.**

   une chèvre → un chevreau

1 **Lis** ces mots plusieurs fois.

un pot	une épaule	une auto	c'est beau
un potier	épauler	un autocar	la beauté
une poterie	une épaulette	un autobus	

2 **Lis** ces phrases.

Ce beau vase est tombé.

Ce robot remplace un aspirateur. Il est moderne.

Un cheval peut trotter ou galoper quand on le lui demande.

3 Devinette

Les artistes me peignent.

Les élèves écrivent sur moi.

Qui suis-je ?

Réponse : Un tableau.

6. Quand j'entends le son (s) de sucre, de citron..., j'écris...

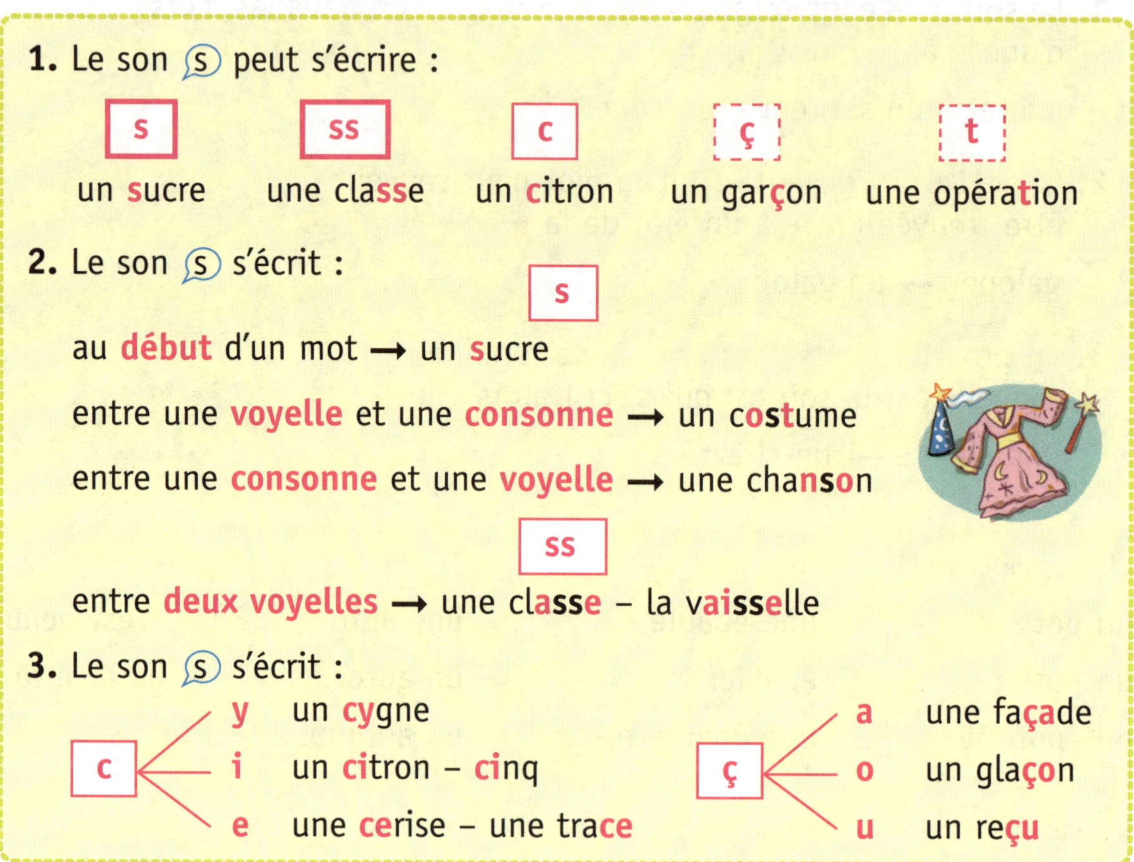

1. Le son (s) peut s'écrire :

s	ss	c	ç	t
un sucre	une classe	un citron	un garçon	une opération

2. Le son (s) s'écrit :

s

au **début** d'un mot → un sucre

entre une **voyelle** et une **consonne** → un costume

entre une **consonne** et une **voyelle** → une chanson

ss

entre **deux voyelles** → une classe – la vaisselle

3. Le son (s) s'écrit :

c devant :
- **y** un cygne
- **i** un citron – cinq
- **e** une cerise – une trace

ç devant :
- **a** une façade
- **o** un glaçon
- **u** un reçu

1 **Lis** plusieurs fois ces mots.

une salade	une maîtresse	un soldat
une sauterelle	une poussette	une poste
un sirop	un bassin	une astuce
une serviette	une casserole	un restaurant

2 **Lis** ces mots d'une même famille.

un tapis	une trace	une cassure
un tapissier	tracer	casser
une tapisserie	un traçage	cassable

Aides pour écrire le son (s)

1. Le son (s) s'écrit toujours **de la même façon** dans les mots d'une **même famille.**

   une caisse – un caissier – encaisser

   une place – un placement – placer

2. Dans les conjugaisons des verbes, le son (s) s'écrit toujours de la même façon pour un verbe déterminé, en ajoutant la cédille au **c** devant a, o et u :

   avancer – il avance – nous avançons

3. Les **noms de métiers** se terminent souvent par :

...**iste**	...**trice** au féminin
un (une) pianiste	une directrice
un (une) fleuriste	une actrice
un (une) violoniste	une dessinatrice

1 **Lis** plusieurs fois ces mots.

passer	casser	avancer	commencer
je passe	je casse	j'avance	je commence
nous passons	nous cassons	nous avançons	nous commençons

2 **Lis** ces phrases.

Le violoniste joue sur un violon ancien.

J'ai appelé le serrurier pour réparer ma serrure qui est cassée.

Cette dessinatrice colorie ses dessins avec de belles couleurs.

7. Quand j'entends le son (é) de réveil, de papier..., j'écris...

1. Le son (é) peut s'écrire :

é	**er**	**ez**
écrire	un bouch**er**	vous lav**ez**

2. Le son (é) à la fin d'un mot s'écrit :

...**é** ou **ée**	...**er**	...**ez**
un carr**é** – la fum**ée**	march**er**	vous donn**ez**

⚠ mes – tes – ses – des – les

1 **Lis** ces mots.

un café	une soirée	parler	une beauté
un pavé	une montée	donner	une volonté
un été	une journée	avancer	une bonté
un carré	une coulée	rouler	une curiosité

2 **Lis** ces phrases.

Mes amis sont partis tard.
Tu as oublié tes livres chez Théo.
Karim a posé ses affaires sur son lit.

3 Devinette

Je suis une très forte lumière pendant un orage.
Je suis aussi le nom d'un petit gâteau.
Qui suis-je ?

Réponse : Un éclair.

Aides pour écrire le son (é)

1. Le son (é) s'écrit toujours **é**

au début d'un mot
un **é**lève – **é**pais

dans un mot
le m**é**tro – un t**é**l**é**phone

2. Les noms de **métiers** et les noms **d'arbres fruitiers** se terminent souvent par **er**.

un bouch**er** — un pommi**er**
un boulang**er** — un poiri**er**

3. Le mot **et** veut dire ***et aussi***.
Noémie porte des lunettes **et** un pantalon noir.

1 **Lis** ces mots.

un ouvrier	un framboisier	un cahier
un fermier	un prunier	un papier
un plombier	un cerisier	un évier
un serrurier	un fraisier	un terrier

2 **Lis** ces phrases puis **réponds** aux questions.

Les habitants connaissent des histoires d'ogres **et** d'ogresses.
Léna se lave les dents le soir **et** le matin.
Léna prend une douche le soir **ou** le matin.

Combien de fois par jour Léna se lave-t-elle les dents ?
Combien de fois par jour Léna prend-elle une douche ?

8. Quand j'entends le son (k) de café, de quatre..., j'écris...

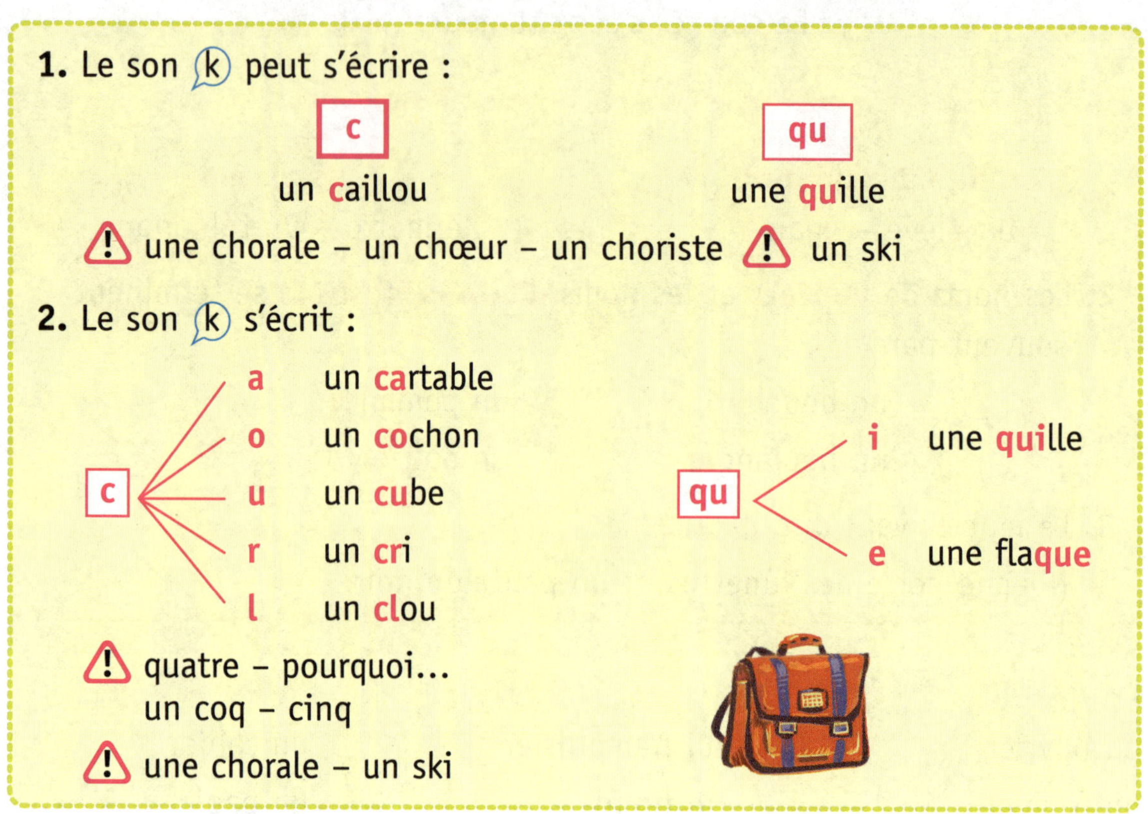

1. Le son (k) peut s'écrire :

c	qu
un caillou	une quille
⚠ une chorale – un chœur – un choriste	⚠ un ski

2. Le son (k) s'écrit :

c
- a — un cartable
- o — un cochon
- u — un cube
- r — un cri
- l — un clou

qu
- i — une quille
- e — une flaque

⚠ quatre – pourquoi...
un coq – cinq

⚠ une chorale – un ski

1 Lis ces noms d'animaux.

un coq	un phoque	un kimono
un canard	un maquereau	un koala
un crocodile	un moustique	un képi
un crabe	une tique	
une crevette	un requin	

2 Lis ces mots.

un choc	un sac	une plaque
un bloc	un lac	une flaque

Aides pour écrire le son (k)

1. Le son (k) s'écrit toujours **de la même façon** dans les mots d'une **même famille.**

   le ski – un skieur – une skieuse – skier
   marquer – nous marquons – vous marquez

2. Certains mots contenant le son (k) permettent de poser des questions :

   quand — **Quand** pars-tu ?
   comment — **Comment** va ton ami ?
   pourquoi — **Pourquoi** pleures-tu ?

1 **Lis** ces mots.

cinq
cinquante
une cinquantaine

marquer
un marqueur
une marque

une claque
claquer
un claquement

quatre
quarante
une quarantaine

2 **Lis** ces phrases.

Quand feras-tu du karaté ?
Comment construit-on un immeuble ?
Pourquoi es-tu en retard ?
La marque du fabriquant n'est pas indiquée sur mon kimono.

3 Devinette

Je commence souvent par *quand*, *pourquoi* ou *que*.
À l'écrit, je me termine par un point d'interrogation.
Qui suis-je ?

Réponse : Une question.

9. Quand j'entends le son (è) de aigle, de veste..., j'écris...

1. Le son (è) peut s'écrire :

e	ai	è	ê	ei	et
une pelle	un aigle	un frère	une fête	la neige	un poulet

2. Le son (è) s'écrit **e** quand il est suivi de :

deux consonnes identiques → une princesse – une pelle – des lunettes

deux consonnes différentes → une personne – une veste – une perle

→ Entre deux consonnes dans une seule syllabe, le son (è) s'écrit **e** : un ver – la mer – c'est cher – un fer – du sel

1 **Lis** ces mots.

une passerelle
une querelle
une marelle

un veston
un restaurant
une espèce

un modèle
une mère
une boulangère

une marraine
un dromadaire
une vaisselle

2 **Lis** ces phrases.

C'est la fête du Soleil. Une nouvelle saison commence.

La forêt nous enserre maintenant de son ombre pleine de cris.

Matis reparaît quelques mètres plus loin.

3 Devinette

Je suis un petit bâton magique.

Je suis aussi un pain long et fin.

Qui suis-je ?

Réponse : Une baguette.

Aides pour écrire le son (è)

1. Le son (è) s'écrit toujours **de la même façon** dans les mots d'une **même famille.**

la n**ei**ge – n**ei**ger – n**ei**geux – un enn**ei**gement

un écl**ai**r – écl**ai**rer – un écl**ai**rage

2. Le son (è) s'écrit :

ai ou **e** au **début** d'un mot → **ai**mable – un **e**spoir – un **e**space

ai ou **et** à la **fin** d'un mot → un bal**ai** – c'est vr**ai** – un fil**et**

→ Ne pas confondre **est** avec **et**.
La dame **est** grande. J'aime les glaces **et** les tartes.

1 **Lis** plusieurs fois ces mots.

c'est vrai	un chalet	un air	un espoir
un balai	un filet	une aide	un espion
une raie	un poulet	un aigle	un escalier

2 **Lis** ces phrases.

La lumière est faible.

Il faut donner l'alerte.

« Le jaguar rôde », répond le compère du voleur.

3 Devinette

Je suis un objet pour mesurer.

Je suis aussi des consignes à respecter.

Qui suis-je ?

Réponse : Une règle.

10. Quand j'entends le son (an) de pantalon, de vendeur..., j'écris...

Règle	Graphie	Exemples
1. Le son (an) s'écrit	**an**	un pantalon – un échange – du sang un instant – une branche
	en	un vendeur – un centre – des gens une descente – le silence
2. Le son (an) s'écrit **am** ou **em** devant	**m**	emmener
	p	emporter – une rampe
	b	embrasser – une chambre

1 **Lis** ces mots.

maintenant	grand	un danger	un centre
cependant	élégant	une orange	un menteur
pendant	savant	un instant	une absence

2 **Lis** ces phrases.

En septembre, c'est la rentrée des classes.

En novembre, il y a souvent du vent.

En décembre, c'est le début de l'hiver.

3 Devinette

J'indique une durée.

Je sers aussi à parler de la température, de la pluie, du soleil...

Qui suis-je ?

Réponse : Le temps.

Aides pour écrire le son (an)

1. Le son (an) s'écrit toujours **de la même façon** dans les mots d'une **même famille**.

un mél**an**ge – mél**an**ger – un mél**an**geur

f**en**dre – f**en**du – une f**en**te

2. Certains noms, formés à partir d'un verbe, se terminent par **ement**.

balancer → un balanc**ement**

enseigner → un enseign**ement**

saigner → un saign**ement**

changer → un chang**ement**

ranger → un rang**ement**

camper → un camp**ement**

3. Le mot *en* s'écrit toujours **en**.

Il part **en** voyage. Il est **en** colère.

1 **Lis** ces mots.

une place	une balance	un échange	une charge
placer	balancer	changer	charger
un placement	un balancement	un changement	un chargement

2 **Lis** ces phrases.

« Tu vas creuser des trous dans mes branches en cachette », dit le saule.

Le jeune merle est décidé à ne plus rien demander à personne.

Le vent souffle fort sur les tentes et les campeurs doivent quitter le camping.

3 **Complète** cette phrase.

Si je pars en vacances dans un camping, je suis un ___________.

Réponse : un campeur.

11. Quand j'entends le son (j) de jambe, de girafe…, j'écris…

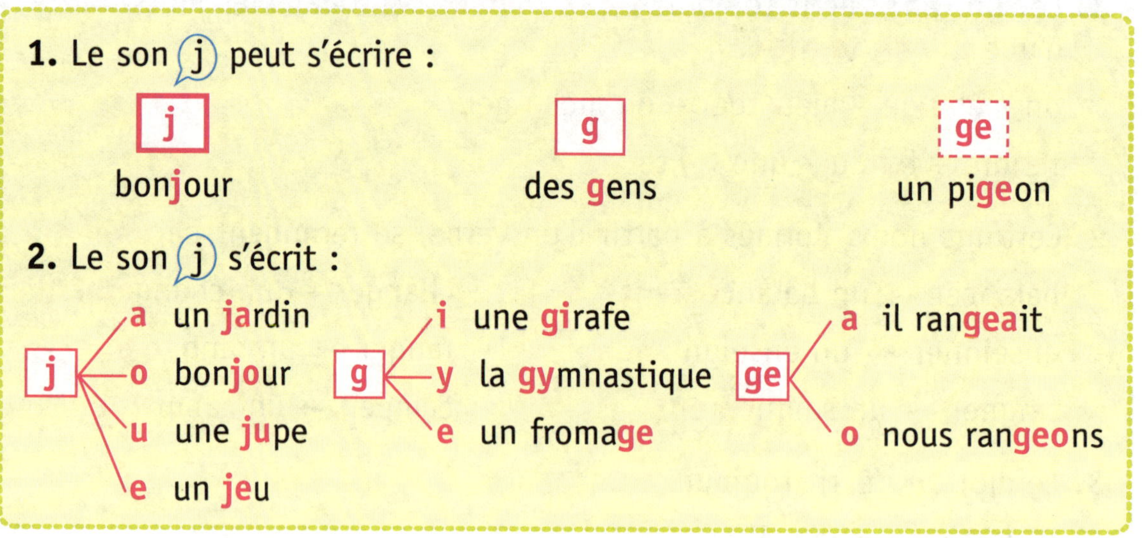

1. Le son (j) peut s'écrire :

j	g	ge
bonjour	des gens	un pigeon

2. Le son (j) s'écrit :

- j
  - a : un jardin
  - o : bonjour
  - u : une jupe
  - e : un jeu
- g
  - i : une girafe
  - y : la gymnastique
  - e : un fromage
- ge
  - a : il rangeait
  - o : nous rangeons

1 Lis ces mots.

jeune	gentille	un général	un journaliste
joli	géniale	un gendarme	un jongleur
jaloux	généreuse	la géographie	un jardinier

2 Lis ces phases.

L'hiver, le gel est souvent terrible.
Le merle ne peut pas s'envoler vers les régions chaudes.
« J'aimerais bien te protéger, mais je ne peux pas »,
dit le saule au petit merle.

3 Devinette

Je suis une couleur.
Je suis aussi un fruit.
Qui suis-je ?

Réponse : Orange.

Aides pour écrire le son (j)

1. Le son (j) s'écrit toujours **de la même façon** dans les mots d'une **même famille**.
jeune – rajeunir – la jeunesse
un joueur – une joueuse – jouer
nager – la nage – une nageoire

2. Le son (ji) s'écrit toujours **gi** : une bou**gi**e – une **gi**rafe – un ma**gi**cien

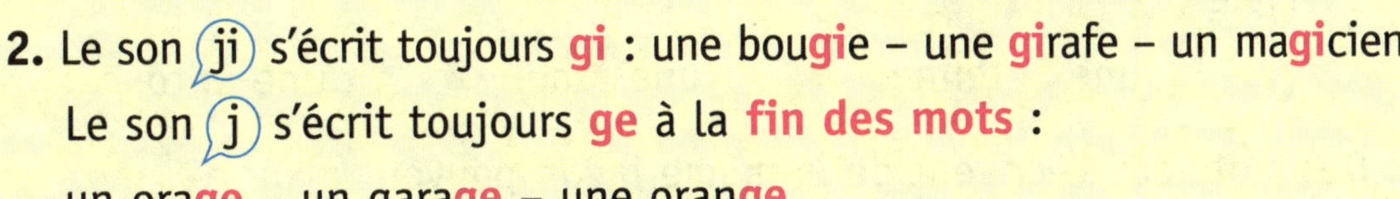

Le son (j) s'écrit toujours **ge** à la **fin des mots** :
un ora**ge** – un gara**ge** – une oran**ge**

1 **Lis** ces mots.

déjà	janvier	fragile	rouge
jamais	juin	agité	beige
aujourd'hui	juillet	magique	orange

2 **Lis** ces phrases.

Je ne sais pas nager. Je n'ai jamais appris.
Le petit enfant est sage. Il joue gentiment dans le jardin.
Aujourd'hui c'est jeudi. Je vais jouer chez Geoffroy.

3 Devinette

Nous sommes deux sœurs nées le même jour.
Nous sommes aussi des lunettes qui permettent de voir au loin.
Qui suis-je ?

Réponse : Des jumelles.

1. Quand je vois des lettres, je lis...

1. Les **lettres** forment des **mots**.

agneau – coq – cheval

2. Une lettre peut être associée à d'autres lettres pour former différents sons.

Exemple :

an	ai	au
une **an**tenne	une **ai**de	une **au**to

3. Des mots qui s'écrivent de la même façon peuvent avoir des **sens différents**.

une **voile** de bateau – un **voile** de mariée

4. Des mots qui se prononcent de la même façon peuvent avoir des **écritures** et des **sens différents**.

manger du **pain** – un **pin** dans une forêt

1 **Lis** ces mots.

grand	habitable	rouge	pâle
grandir	habiter	rougir	pâlir
une grandeur	un habitant	une rougeur	la pâleur

2 **Lis** ces mots.

un pot	il est grand	une reine
un pont	un grain	un rein
un point	une graine	rien

3 **Lis** ces mots.

un tour	un bal	un fil	un sol
une tour	une balle	une file	une sole

Cahier-livre 1 p. 79

2. J'apprends à copier

1. Quand on **copie un mot**, il faut
- connaître **le sens** du mot.
- repérer **la place** des lettres : tou**r** – t**r**ou
- repérer **les orthographes particulières** : jard**in** – **c**erise
- penser aux **lettres muettes** : plafon**d**.

2. Quand on **copie une phrase**, il faut
- connaître **le sens** de la phrase.
- écrire **tous** les mots.
- bien observer **les accords** des mots.
- relire attentivement.

1 **Lis** ces mots.

une cage	il marche	il bouche
une nage	il mâche	il bout
une page	une manche	il boude

2 **Lis** ces mots.

il cache	boire	un triangle
il gâche	voir	un rectangle
il se fâche	croire	un angle

3 **Indique** quels mots manquent dans la phrase **b**.

a. Tous les matins, le jour se lève.

b. Tous les matins, se lève.

Réponse : Le jour.

3. Quand je vois la lettre a, je lis...

1. Dans les mots, la lettre a peut se trouver seule ou dans ces groupes de lettres :

a → un avion – une machine

an → un enfant – une cantine

am → un champignon – une ampoule

ai → une saison – une paire

ain → le lendemain – un pain

au → une épaule – une taupe

eau → la peau – un ruisseau

2. am est suivi de
- p une lampe – un champignon
- b une jambe – une chambre

1  **Retiens** ces mots.

demain	Paul viendra jouer demain à la maison.
aussi	Tu aimes le chocolat, moi aussi.
maintenant	Maintenant, j'ai huit ans, bientôt j'aurai neuf ans.

2 **Lis** plusieurs fois ces mots.

la fraîcheur / une friandise
c'est vrai / c'est variable
une paire / un piano
une plaie / un pliage

une tante / un train
une manche / une main
un flan / il a faim
un grand / un grain

4. Quand je vois la lettre o, je lis...

1. Dans les mots, la lettre **o** peut se trouver seule ou dans ces groupes de lettres :

o → une botte – une moto
ou → une soupe – un caillou
œu → un œuf – un cœur
on → une saison – un bûcheron
om → un pompier – une ombre
oi → la mémoire – une histoire
oin → un point – c'est loin

2. **om** est suivi de
- **p** une pompe – un pompier – une trompette
- **b** une ombre – tomber – combien

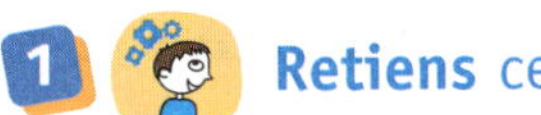 **Retiens** ces mots.

comme	Il est grand comme son père.
surtout	Surtout ne fais pas de bruit.
longtemps	J'aime nager longtemps.

2 **Lis** ces mots.

un poireau / une pioche
une voile / un violon
trois / un trio
une boisson / une brioche

un lion / au loin
un point / un pion
une région / il me rejoint
un camion / un témoin

5. Quand je vois la lettre e, je lis... (1)

Dans les mots, la lettre e peut se trouver avec ou sans accent.
e → un chemin – une remarque
è → une panthère – une règle – sixième – huitième
é → une écharpe – un éléphant – sécher – se précipiter
ê → une fête – un rêve – un pêcheur – une forêt

1 Retiens ces mots.

déjà	Les vacances sont déjà finies ! Elles ont vite passé.
même	Sonia et Lena ont le même pull.
seulement	Ma cousine reste seulement deux jours à la maison.

2 Lis ces mots.

élever	déménager	le troisième
un élevage	un déménageur	le cinquième
un éleveur	un déménagement	le dixième

3 Lis ces phrases.

Un homme fonce, tête baissée.
Les voleurs disparaissent dans la pénombre. Le bateau s'éloigne, la mission est réussie.
Chacun des enfants a une cape de cérémonie.

6. Quand je vois la lettre e, je lis... (2)

1. Dans les mots, la lettre **e** peut se trouver seule ou dans ces groupes de lettres :

e → une cheminée – une banane

ei → une veine – une reine – une peine – il freine

ein → un peintre – une ceinture – peindre – une peinture

eu → heureux – malheureux – un peu – deux

et → un poulet – un filet – un fouet – du muguet

en → une vente – un vendeur

em → un membre – emporter

eau → un morceau – un poteau

2. Il faut faire attention à la place du **e** dans les groupes de lettres qui font le son (in) ou le son (è) : ein – ei.

3. **em** est suivi de

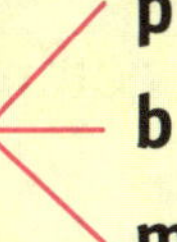

- **p** emporter – remplacer
- **b** embrasser – septembre
- **m** emmener

  **Retiens** ces mots.

encore	Il faut attendre encore un peu avant de cueillir ces fruits.
beaucoup	Nous avons mangé beaucoup de fruits cet été.
comment	Comment es-tu venu ?

2 **Lis** ces mots en faisant attention à la place du e.

une ceinture	le sien	une peine	un pied
le teint	le tien	un seigneur	le ciel
une peinture	bientôt	une veine	une rivière

7. Quand je vois la lettre c, je lis...

1. La lettre c se dit (k) si elle est suivie de :

c
- a un chacal – un bocal – un camarade – une carafe
- o un haricot – une couleur – de la confiture – un coiffeur
- u un cube – un écureuil – une culture
- r un crabe – une cravate – un écran – une écriture
- l une cloche – un éclair – un oncle – un clou

2. La lettre c se dit (s) si elle est suivie de :

c
- i un citron – une citrouille – réciter
- e une cerise – une sauce – une face
- y un cygne

3. c + h se dit (ch) : un cheval – acheter – une machine

⚠ un chœur – un choriste – une chorale...

Les lettres cc se disent en général (k) : accompagner – accourir

⚠ un accident – accepter – accéder...

1 Retiens ces mots.

ici	Ici, il fait chaud.
cependant	J'aime les pâtes, cependant je préfère le riz.
chez	Je vais déjeuner chez ma grand-mère.

2 Lis ces mots.

un placard	une place	un accord
un couteau	un citron	accompagner
le contraire	un cercle	accuser
un campeur	une ceinture	accrocher

8. Quand je vois les lettres en, je lis...

1. Lorsque **en** est suivi d'une **consonne**, j'entends (an) :
   compr**en**dre – une f**en**te – une p**en**te
   c'est imm**en**se – r**en**dre – pr**en**dre
2. J'entends (e+n) avec en + voyelle : une menace – revenir – amener
3. **ent** à la fin des mots :
   J'entends (an) à la fin des **noms** : un mom**ent** – un vêtem**ent**
   Je n'entends pas (an) à la fin des **verbes** : ils chantent – ils dansent

1 **Retiens** ces mots.

souvent	Ce train arrive souvent en retard.
pendant	J'ai attendu mon ami pendant une heure.
ensemble	Nous partons ensemble en vacances mon frère et moi.

2 **Lis** plusieurs fois ces mots.

Ils rangent.	Elles couvrent.	un incident / ils décident
Ils dérangent.	Elles découvrent.	un continent / ils continuent
Ils arrangent.	Elles recouvrent.	un parent / ils réparent

3 **Lis** cette phrase.

Les élèves bavardent dans la cour pendant la récréation,
mais ils jouent aussi.

Cahier-livre 1 p. 92

1. Qu'est-ce qu'une phrase ?

1. Une phrase est une suite de mots qui a **un sens**.
   Quand on change la place des mots dans une phrase, la phrase n'a plus le même sens.

   Un enfant poursuit un chien. Un chien poursuit un enfant.

2. Une phrase commence par une **majuscule** et se termine par **un point**.

   La voiture ne démarre pas.

1 **Lis** ce texte. **Compte** le nombre de phrases.

Le frère et la sœur ne comprennent pas bien ce qui se passe. Ils suivent le nouveau directeur à l'allure si étrange. La cour ressemble à un jardin merveilleux avec des champignons géants et des fleurs de toutes les couleurs. Il y a des enfants qui s'amusent autour d'un tourniquet…

2 **Trouve** la phrase la plus longue dans ce texte.

Réponses : 1. Il y a 4 phrases. 2. C'est la 3e phrase.

2. À quoi sert la ponctuation dans les phrases ?

1. Les différents points aident à lire et à comprendre une phrase.

2. Il existe **différents signes de ponctuation** à la fin des phrases.

- *Kimamila va à l'école*. **Le point.**
Une phrase déclarative donne une information.
- *Où es-tu* ? **Le point d'interrogation.**
Une phrase interrogative pose une question.
- *Quel délice* ! **Le point d'exclamation.**
Une phrase exclamative exprime une émotion.

1 **Entraîne-toi** à lire ces phrases.

Tu pars en vacances. Pars-tu en vacances ? Super, tu pars en vacances !
Tu viens à la piscine. Viens-tu à la piscine ? Oh, tu viens à la piscine !

2 Devinette

Une couverture me protège.
Je possède beaucoup de pages.
Il ne faut pas écrire sur mes pages.
Qui suis-je ?

Réponse : 2. Je suis un livre.

Cahier-livre 1 p. 96

3. Qu'est-ce qu'un verbe ?

Dans une phrase, il y a toujours un mot qui indique **l'action**, c'est-à-dire ce que l'on fait ou ce qui se passe.

Ce mot s'appelle **un verbe**.

L'oiseau **vole**. L'oiseau **chante**.

⚠ Ce mot est essentiel pour construire une phrase.

1 **Lis** ce texte. **Compte** le nombre de verbes.

Maya s'envole. Elle tourne au-dessus des fleurs. Ensuite elle revient à sa place. Puis la petite abeille distribue des tartines de miel à ses camarades.

2 **Lis** ces textes. **Devine** les actions des personnages.

Antoine est au bord du bassin. Il s'élance en entrant dans l'eau la tête la première.

Il ______.

Lucie nettoie son pinceau. Elle observe les différentes couleurs sur sa palette et choisit un orange vif pour peindre une fleur.

Elle ______.

Réponses : 1. Il y a 4 verbes. 2. Il plonge. Elle peint.

4. Que désigne un nom ?

1. **Les noms** sont des mots qui désignent :

des personnes, des animaux, des objets ou des idées.

une **fille** — le **chien** — la **fourchette** — le **bonheur**

2. **Les noms communs** désignent une personne, un animal, un objet ou une idée...

Ils sont précédés d'**un déterminant**.

une barque – **une** fourchette

Les noms propres désignent une personne, un animal, ou un lieu **particuliers**.

Ils commencent par **une majuscule**.

Milou – **M**ozart

Lis ce texte. **Compte** le nombre de noms propres qui désignent un lieu ou un personnage particuliers.

Mes voisins sont partis visiter l'Espagne. L'avion a décollé de Lille à 9 heures et a atterri à Madrid à 11 heures. Lucie et Loïc aiment beaucoup voyager en Europe.

Réponses : Il y a 6 noms propres.
Lieux : Espagne, Lille, Madrid, Europe.
Personnes : Lucie, Loïc.

5. Quels mots composent un groupe nominal simple ?

1. Le **groupe nominal** est souvent composé de **deux mots**.

un chat
le chat
mon chat

Un **déterminant**. + Un **nom** qui est le chef du groupe nominal.

Il existe **plusieurs déterminants** : un, une, le, la, mon, ma, ton, ce, notre...

2. On met **l'** à la place de *le* ou *la* : devant les noms qui commencent par **une voyelle**
l'avion – l'étoile

1 **Lis** les groupes nominaux. Attention, les déterminants changent !

un sablier	une fête	un arbre	une image
le sablier	la fête	l'arbre	l'image
mon sablier	ma fête	ton arbre	mon image
ce sablier	cette fête	cet arbre	cette image

2 **Lis** ces phrases. **Observe** les déterminants qui changent.

Le village se dresse entre le fleuve et la jungle.
Mon village se dresse entre un fleuve et une jungle.
Notre village se dresse entre ce fleuve et cette jungle.

6. Peut-on ajouter des mots dans un groupe nominal ?

1. Un groupe nominal peut parfois contenir d'autres mots.

un petit **chat** **un** petit **chat** gris

Ces mots donnent des précisions sur le nom.

2. Le nom est toujours indispensable dans le groupe nominal.

1 **Lis** ces groupes nominaux.

un **village**
un beau **village**
un **village** animé
un beau **village** animé

une **barque**
une petite **barque**
une **barque** rouge
une petite **barque** rouge

2 **Lis** ces phrases et **observe** les groupes nominaux.

[Le magicien] prépare [sa baguette] et [sa cape].
[Le jeune magicien] prépare [sa baguette magique] et [sa cape noire].

[Une dame] achète [un chou] et [des pêches].
[Une vieille dame] achète [un gros chou] et [des pêches blanches].

7. Comment reconnaître un nom et un verbe ?

Il existe deux grandes catégories de mots.

Les noms : chaise, poisson, dame…	**Les verbes** : raconter, courir…
– Ils désignent des objets, des animaux, des personnes ou des idées.	– Ils expriment ce que l'on fait.
– On peut mettre devant : un, la…	– On peut mettre devant : il, elle…
le bureau – **un** tableau…	**il** chante – **elle** dessine…

1 **Lis** ces groupes de mots. **Repère** les noms et les verbes.

les noms	les verbes	
une nage	il nage	nager
une marche	il marche	marcher
une plante	il plante	planter
une piscine	il devine	deviner
une tartine	il termine	terminer
la farine	il examine	examiner
la bassine	il domine	dominer

2 **Lis** ces phrases. **Repère** les noms et les verbes.

La famille [fête] le succès de mon frère. → *le verbe*

Aujourd'hui, c'est [la fête] de mon frère. → *le nom*

Mon papi [sucre] son fromage blanc. → *le verbe*

Mon papi met toujours [un sucre] dans son café. → *le nom*

8. Qu'est-ce qu'un nom singulier ou un nom pluriel ?

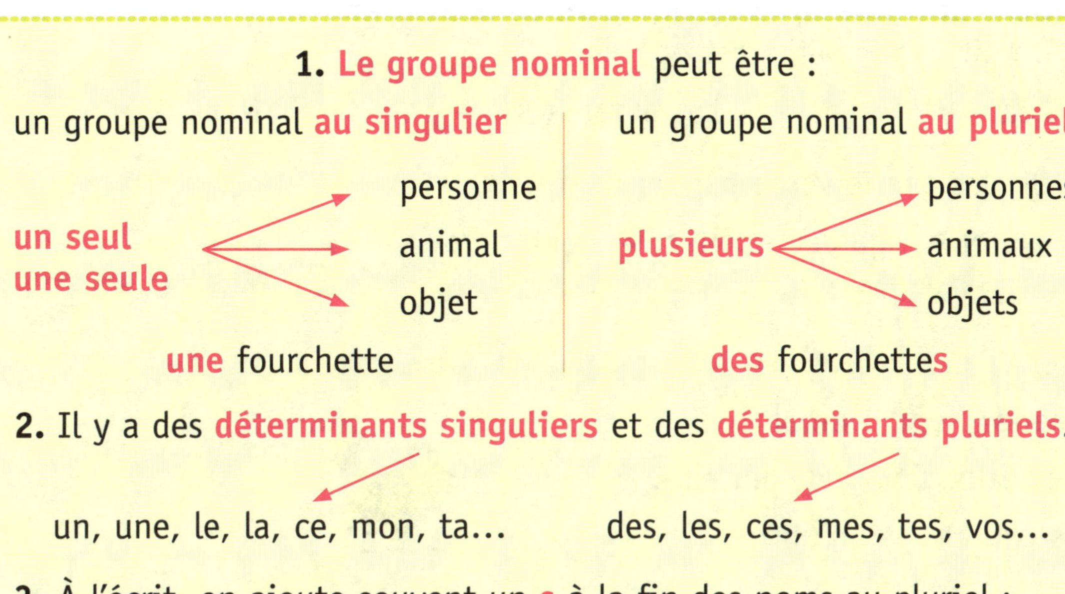

1. Le groupe nominal peut être :

un groupe nominal **au singulier** : **un seul / une seule** → personne, animal, objet
une fourchette

un groupe nominal **au pluriel** : **plusieurs** → personnes, animaux, objets
des fourchette**s**

2. Il y a des **déterminants singuliers** et des **déterminants pluriels**.

un, une, le, la, ce, mon, ta…

des, les, ces, mes, tes, vos…

3. À l'écrit, on ajoute souvent un **s** à la fin des noms au pluriel :
des lapin**s** – **des** maison**s**

⚠ un tapis – une souris – un bois…

1 **Lis** ces groupes nominaux.

au singulier		au pluriel	
le sapin	**la** feuille	**les** sapins	**les** feuilles
ton sapin	**ma** feuille	**tes** sapins	**mes** feuilles
ce sapin	**cette** feuille	**ces** sapins	**ces** feuilles

2 **Complète** oralement ces deux phrases avec les bons déterminants. Puis **relis**-les.

un – la – ses – une

___ sorcière fait ___ courses. Elle achète ___ crotte de bique et ___ crapaud.

des – un – une – son

___ pêcheur aperçoit ___ dauphins devant ___ bateau.
Il prend ___ photo.

Réponses : 2. **La** sorcière fait **ses** courses. Elle achète **une** crotte de bique et **un** crapaud.
Un pêcheur aperçoit **des** dauphins devant **son** bateau. Il veut prendre **une** photo.

9. Pourquoi le verbe change-t-il ?

1. Dans une phrase, la forme du verbe peut changer.
On dit que le verbe est **conjugué**.

Léa **saute**. Les enfants **sautent**. Nous **sautons**.

2. On désigne le verbe par son **infinitif** :

sauter – regarder – réfléchir – entendre

Lis ces phrases. **Observe** les verbes conjugués et **trouve** leur infinitif.

Le merle **cherche** un abri.
Les oiseaux **cherchent** un abri.
Nous **cherchons** un abri.

L'enfant **lit** un livre.
Les enfants **lisent** un livre.
Nous **lisons** un livre.

Un élève **va** à la bibliothèque.
Des élèves **vont** à la bibliothèque.
Nous **allons** à la bibliothèque.

Réponses : Verbes : chercher, lire et aller.

10. *Qui* ou *qu'est-ce qui* fait l'action dans une phrase ?

1. Dans une phrase, **le sujet** indique *qui fait l'action* ou *de qui l'on parle.*

2. Pour le trouver, on peut poser la question :

Qui + verbe ? ou *Qu'est-ce qui + verbe ?*

Le chien **joue** avec son os.	**Le train** **arrive** à l'heure.
Qui joue ?	*Qu'est-ce qui arrive ?*
C'est **le chien** qui joue.	C'est **le train** qui arrive.

3. Le sujet est souvent placé devant le verbe.

Le bateau **navigue** sur l'eau.

Lis ces phrases. **Repère** le sujet en rouge.

Le médecin **soigne** le blessé.

Le dentiste **soigne** la dent cariée.

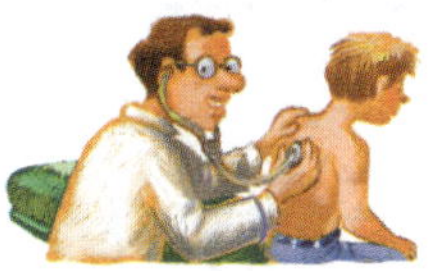

Dans le parc, **l'enfant** **court** après le ballon.

Dans le parc, **le chien** **court** après le ballon.

La première neige **tombe** depuis ce matin.

Une pluie violente **tombe** depuis ce matin.

Au printemps, **les feuilles** **poussent**.

Au printemps, **les fleurs** **poussent**.

11. Qu'est-ce qu'un pronom sujet ?

1. Les pronoms : **il**, **elle**, **ils**, **elles** remplacent un groupe nominal.

Il est rangé dans le garage.	(le vélo)
Elle est rangée dans le garage.	(la trottinette)
Ils sont rangés dans le garage.	(les vélos)
Elles sont rangées dans le garage.	(les trottinettes)

2. Ces **pronoms** sont toujours le sujet du verbe.

3. Les pronoms évitent les répétitions dans un texte.
La moto ralentit. **Elle** s'arrête au feu.

1 **Lis** ces phrases.

Les roses fleurissent au printemps et **elles** parfument les jardins.
Les nuages noircissent, **ils** annoncent l'arrivée de l'orage.

2 Devinettes

Il vit en Afrique et en Asie.
Il est très, très gros et il peut peser 6 tonnes.
Il boit environ 140 litres d'eau par jour.
Il arrose régulièrement sa peau fragile avec sa trompe.
Qui est-il ?

Elle mange les feuilles des arbres.
Elle mesure environ 4 mètres 30.
Elle peut courir jusqu'à 55 km/h.
Elle a un galop particulier qui est facilité par son long cou qui balance et crée l'équilibre.
Qui est-elle ?

Réponses : L'éléphant et la girafe.

12. Comment reconnaître les actions passées, présentes ou futures ?

Quand on change le moment où se passe l'action (passé, présent, futur), **la forme du verbe change**.

Ce qui s'est passé **avant** : le **passé**.	Ce qui se passe **maintenant** : le **présent**.	Ce qui se passera **après** : le **futur**.
Il a gagné. Il gagnait.	Il gagne.	Il gagnera.
Elle a joué. Elle jouait.	Elle joue.	Elle jouera.

Lis chaque phrase en observant le temps du verbe.

Hier, le vent **a soufflé** très fort.
En ce moment, le vent **souffle** très fort.
Demain, le vent **soufflera** très fort.

La semaine dernière, la classe **a visité** un zoo.
Actuellement, la classe **visite** un zoo.
La semaine prochaine, la classe **visitera** un zoo.

Autrefois, les hommes **se déplaçaient** à cheval.
Maintenant, les hommes **se déplacent** en voiture.
Bientôt, les hommes **se déplaceront** avec des soucoupes volantes.

13. Comment repérer le sujet du verbe ?

1. Pour trouver le sujet dans une phrase, on peut poser les questions :

Qui + verbe ?	ou	*Qu'est-ce qui + verbe ?*
Camille tombe.		**Le stylo** tombe.
Qui tombe ?		*Qu'est-ce qui tombe ?*
C'est **Camille** qui tombe.		C'est **le stylo** qui tombe.

2. Le sujet peut être :

un groupe nominal	ou	**un pronom**
Le cirque arrive.		**Il** arrive.

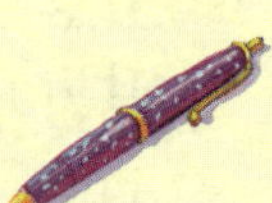

1 Lis ces phrases qui ont des sujets différents.

Qui épluche une pomme ?

Ma grand-mère épluche une pomme.	**Elle** épluche une pomme.
Mon frère épluche une pomme.	**Il** épluche une pomme.
Mon jeune frère épluche une pomme.	**Il** épluche une pomme.

Qu'est-ce qui roule ?

Le ballon roule.	**Il** roule.
La voiture roule.	**Elle** roule.
Une vieille moto roule.	**Elle** roule.

2 Complète oralement ce texte avec les sujets qui manquent.

les touristes – la visite du château – la caissière – la porte – ils – elle

___ attendent devant le château. ___ veulent visiter les appartements du roi. ___ vend des tickets mais aujourd'hui ___ est toute seule à servir. Enfin ___ s'ouvre. ___ peut commencer.

Réponses : 2. Les touristes attendent devant le château. **Ils** veulent visiter les appartements du roi. **La caissière** vend des tickets mais aujourd'hui **elle** est toute seule à servir. Enfin **la porte** s'ouvre. **La visite du château** peut commencer.

14. Pourquoi le verbe change-t-il de terminaison ?

1. Quand le sujet est au singulier → le verbe est au singulier.
Quand le sujet est au pluriel → le verbe est au pluriel.

2. Au présent, pour les verbes qui se terminent par -**er** à l'infinitif : dans**er** – chant**er**...,
quand le sujet est un groupe nominal ou un pronom qui le remplace :

Au singulier, la terminaison du verbe est **e**.

Un enfant danse. **Il** danse.

Au pluriel, la terminaison du verbe est **ent**.

Des enfants dansent. **Ils** dansent.

1 **Lis** ces phrases.

Le soleil brille.	Il brille.	Les étoiles brillent.	Elles brillent.
L'orage éclate.	Il éclate.	Les ballons éclatent.	Ils éclatent.
Le coq chante.	Il chante.	Les choristes chantent.	Ils chantent.
La voiture roule.	Elle roule.	Les billes roulent.	Elles roulent.

2 **Lis** ces phrases. **Précise** si les verbes sont au singulier ou au pluriel.

1. Les sorcières aiment la bave de crapaud.
2. Mon cousin habite à Paris.
3. La météo annonce un vent violent pour demain.
4. Parfois, les avions volent au-dessus de la mer.
5. Tous les matins, ma sœur range sa chambre.

Réponses : Les phrases au singulier sont la 2, la 3 et la 5.
Les phrases au pluriel sont la 1 et la 4.

1. Qu'est-ce que les mots d'une même famille ?

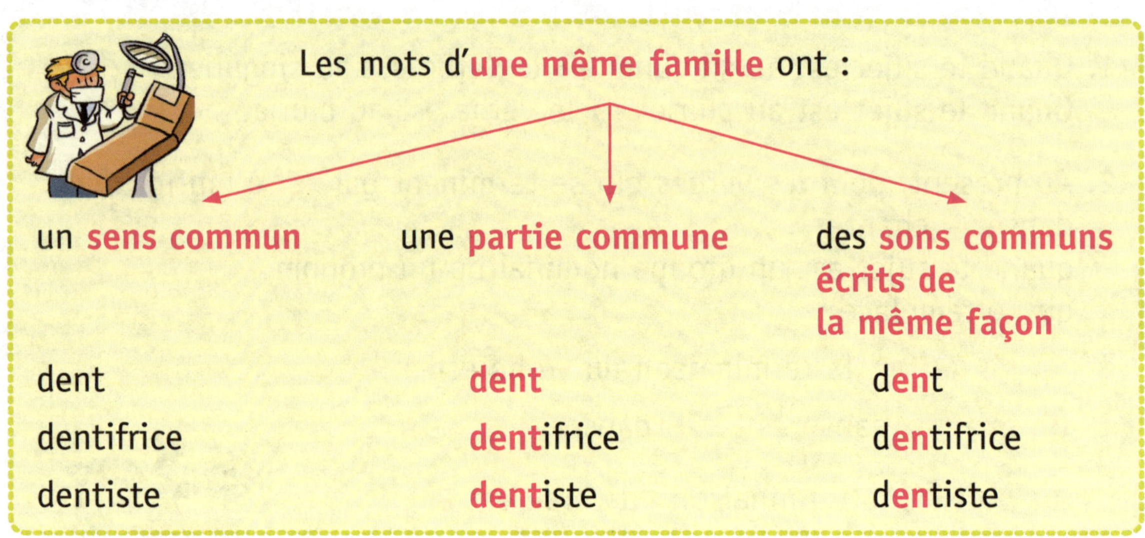

1 **Lis** ces mots d'une même famille.

C'est chaud.	du lait	une lampe
chauffer	un laitage	un lampion
un chauffage	une laiterie	un lampadaire

2 **Lis** cette phrase.

J'ai une cinquantaine de timbres que je partage avec mes cinq copains.

3 **Complète** oralement ces phrases.

Je travaille dans les jardins. Je suis un ______.

Je fabrique des pâtisseries. Je suis un ______.

Réponses : un jardinier – un pâtissier

2. Quels mots indiquent quand se déroule une action ?

Une action peut se passer :

dans le passé	**dans le présent**	**dans le futur**
avant	maintenant	après
hier – autrefois	en ce moment	bientôt – demain

Certains mots indiquent **quand se passe une action** :
autrefois – bientôt – aujourd'hui…

1 **Lis** ces mots qui indiquent quand se passe une action.

passé	**présent**	**futur**
hier	en ce moment	demain
l'année dernière	maintenant	l'année prochaine
il y a quelques jours	aujourd'hui	dans quelques jours
autrefois	actuellement	dans le futur

2 **Lis** ces phrases.

En ce moment, les agriculteurs préparent les champs.
Il y a quelques semaines, les agriculteurs ont préparé les champs.
Dans quelques mois, les agriculteurs prépareront les champs.

Actuellement, je dessine une maison.
Hier, j'ai dessiné une maison.
Demain, je dessinerai une maison.

3. Qu'est-ce que des mots-étiquettes ?

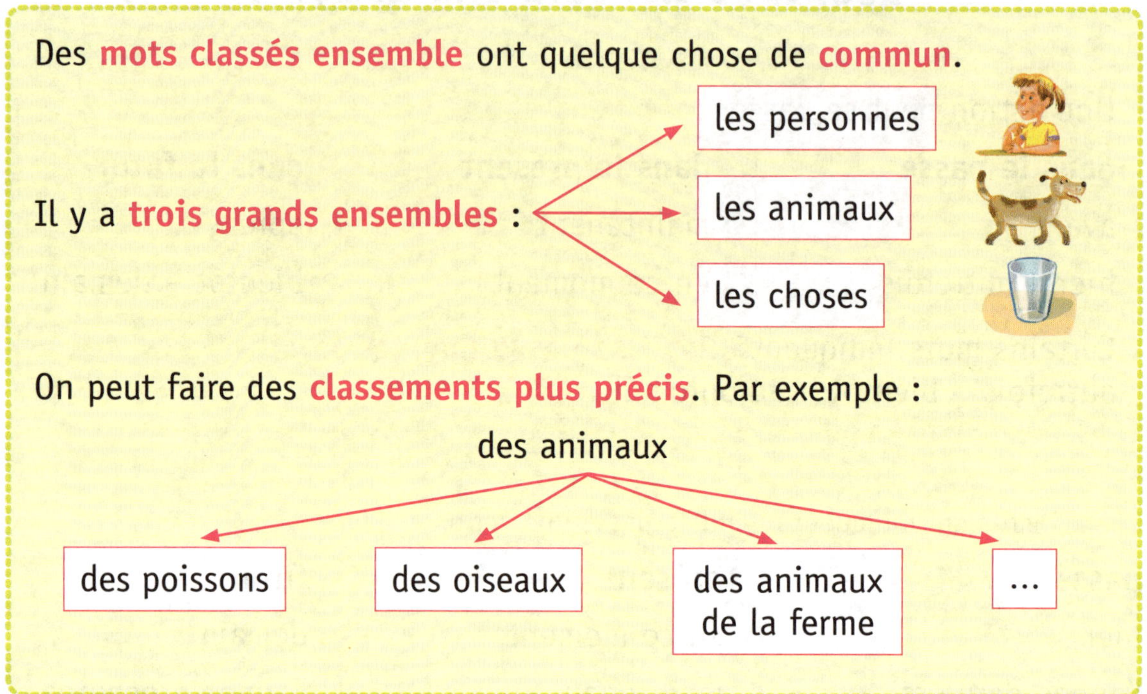

Lis ces mots.

des mois	**des habitations**	**des fleurs**
janvier	un chalet	une tulipe
février	une villa	une rose
mars	un appartement	du lilas
avril	un igloo	du muguet

4. À quoi servent les préfixes et les suffixes ?

Les préfixes et les suffixes **changent le sens du mot de base**.

Un **préfixe** se met **avant** un mot de base dans une famille de mots.

faire – **dé**faire – **re**faire

Un **suffixe** se met **après** un mot de base dans une famille de mots.

une tabl**ette** – une maisonn**ette** – un chat**on**

Les **préfixes** peuvent indiquer :

le contraire	**la répétition**
in – **mal** – **dé**	**re**
incorrect – **mal**adroit – **dé**ranger	**re**faire – **re**coudre

Les **suffixes** peuvent indiquer :

que c'est petit	**des métiers**	**des lieux**
une tabl**ette**	un cuisin**ier**	une charcut**erie**
un ân**on**	un ferm**ier**	une lav**erie**

Lis ces phrases.

Le jardinier arrose les fleurs de son jardin.

Le boulanger et la boulangère travaillent dans une boulangerie.

Le lacet de ta chaussure est dénoué. Il faut le renouer.

La pédale de mon vélo est dévissée. Il faut la revisser.

Rappelle-toi : des mots invariables à retenir

demain	Je lirai un nouveau chapitre de l'album **demain**.
aussi	Julie aime la soupe, moi **aussi**.
maintenant	La classe est finie, **maintenant** les élèves rentrent chez eux.
comme	La maîtresse est habillée **comme** Blanche-Neige !
surtout	Il ne faut **surtout** pas renverser ce verre.
longtemps	Cette école a été construite il y a très **longtemps**.
déjà	Il est **déjà** midi, dépêchons-nous.
même	La fête du Soleil se déroule toujours de la **même** façon.
seulement	Le printemps commencera **seulement** la semaine prochaine.
encore	L'hiver n'est pas fini. Il fait **encore** froid.
beaucoup	Avant l'hiver, **beaucoup** d'oiseaux partent vers le sud.
comment	« **Comment** trouver un arbre pour m'abriter ? », pense le jeune merle.
ici	« Il n'y a rien à manger **ici** pendant l'hiver », dit la marmotte.
cependant	C'est encore l'hiver, **cependant** l'ours est sorti de sa grotte.
chez	Il y a de la nourriture **chez** les habitants de la ville.
souvent	Ce n'est pas bien d'arriver **souvent** en retard à l'école.
pendant	Les ours et les marmottes s'abritent du froid **pendant** l'hiver.
ensemble	L'ours et la marmotte descendent **ensemble** de la montagne.
autrefois	**Autrefois**, les voitures n'existaient pas.
aujourd'hui	La fête du village se déroule **aujourd'hui**.
bientôt	Il fera **bientôt** nuit, le soleil se couche.

Rappelle-toi : les mots

Les mots appartiennent à des catégories différentes :

Les noms

- **Des noms communs**

médecin – femme...
chien – girafe...
voiture – poussette – arbre...
beauté – gentillesse...

- **Des noms propres**

Valérie – Grégoire...
Paris – la France...
le Rhône...

Les verbes

chercher – manger – sauter – fermer...
choisir – finir – réfléchir...
courir – dormir – venir...
faire – dire – pouvoir...
être – avoir

Les pronoms personnels

il – elle – ils – elles...

Les déterminants

un – une – des
le – la – les
ma – ton – sa – mes...
ce – ces...

D'autres groupes de mots

- *petit – courageux – lourd – blond...*
- *hier – demain – bientôt – lentement...*
- *qui – comment – combien...*
- *sous – dans – sur...*
- ...

Le groupe nominal

un chien : un déterminant → un, un nom → chien

le petit chien : un déterminant → le, un nom → chien

groupe nominal **singulier** : la voiture – mon arbre – un chien...

groupe nominal **pluriel** : **les** voiture**s** – **mes** arbre**s** – **des** chien**s**...

Rappelle-toi : les phrases

Phrase courte :

La voiture **démarre**.

une majuscule — un point

Phrase longue :

Aujourd'hui, Julie et Loris **vont** à la piscine avec leur classe.

une majuscule — un point

Il existe différentes sortes de phrases :

Phrase **déclarative**	Phrase **interrogative**	Phrase **exclamative**
Le chat dort.	Où dort-il ?	Comme il est beau !

La composition d'une phrase :

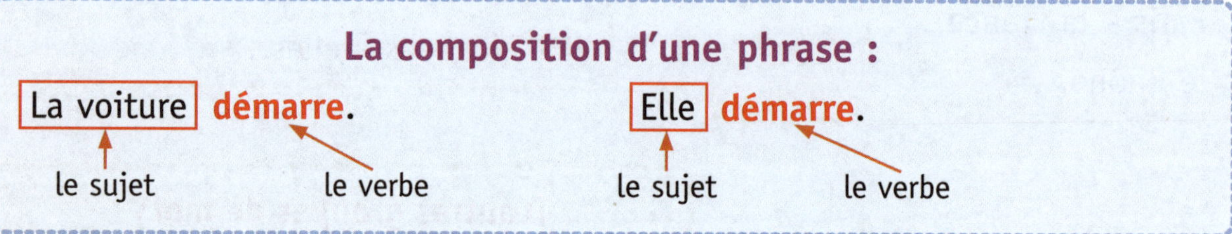

Le verbe change de forme selon le sujet :

La voiture **démarre**. Les voitures **démarrent**.

Le verbe et le sujet s'accordent.

Le verbe change de forme selon le temps de l'action :

Ce qui s'est passé **avant** :	Marion **gagnait**. / Marion **a gagné**.	***Le passé***
Ce qui se passe **maintenant** :	Marion **gagne**.	***Le présent***
Ce qui se passera **après** :	Marion **gagnera**.	***Le futur***

Illustrations : Aurélie Abolivier (p. 15) ; David Cathelin (p. 5, 11, 19, 22, 26, 31, 32, 38, 39bas, 40bas, 42) ; Patrick Gromy (p. 2, 3, 4, 6 à 10, 12, 13, 16, 20, 23, 24, 25, 27, 29, 33 à 37, 39 ht, 40ht, 41, 43, 44, 45) ; Caroline Hesnard (p. 18, 36ht) ; Jean-Noël Rochut (p. 28, 30).
Couverture : Domitille Pautonnier
Mise en pages : Médiamax
Édition : Pascale Costet, Mélanie Jean

Achevé d'imprimer en Italie par Rotolito – N° de projet : 10199867 - Janvier 2014